02

SHONEN MAGAZINE COMICS

Kanojo, Okarishimasu

CONTENTS

満足度《まんぞくど》 6 失恋《しつれん》と彼女《カノジョ》

Reiji Miyajima

宮島礼吏

ウチ近《ちか》いから
駐車
休《やす》んでかない…？
でもマミちゃん
彼氏いるって…!!
…ごめん あれ嘘《うそ》
えっ!? 嘘!?

和《かず》くんが可愛《かわい》い彼女《かのじょ》連《つ》れてきたから
少《すこ》し見栄《みえ》張《は》っちゃった…
馬鹿だよね
まっ
マミちゃん……っ!
シット…
ってことは今《いま》は・・・フリー…!!
あ、ごめんっ
しーんE来てた
今日《きょう》弟《おとうと》が友達《ともだち》連《つ》れて来《き》てるからムリだって——!!
えっ!?
そっ
そっか! ……弟《おとうと》仲良《なかい》いの?
紳士対応紳士対応……!!
うぉー、行きてー!!
部屋とか部屋着とか見てー!!
本能
血のアルコール割り
マミちゃん実家《じっか》だった……っ!
でも誘《さそ》い入《い》れる気《き》はあったってことだよな…
全然っ だってあいつカワイくないもんっ
たたっ
自室《いえ》に…!!

これって完全《かんぜん》に
ああん♥
〝お持《も》ち帰《かえ》り〟コース…!!
ワンチャンある…って…
やっぱ様子《ようす》がおかしいぞマミちゃん
さっきの一件《いっけん》で本気《ほんき》で惚《ほ》れ直《なお》して……!!
吉田《よしだ》さん大丈夫《だいじょうぶ》ですか?
オェ
ッ
!
!うっ俺《おれ》も酒《さけ》が…!!
もらいゲ。
ごっごめんっ!
あちょっと!
和くん
オェ
ゲボゲボ

情《なさ》けねぇ…!!
好機《チャンス》なのに もう一軒《いっけん》誘《さそ》うこともできねぇなんて…!!
うっ…気持ち悪…
私《わたし》の和也《かずや》さんを
悪《わる》く言《い》わないでください!
……
大丈夫《だいじょうぶ》? 和《かず》くん…
ごめん… 思《おも》ってたより酒《さけ》が回《まわ》ってたみた……
!!

みっ
見《み》えそう…っ!!
むくっ
そうだ私《わたし》水持《みずも》ってたんだ
スッ
あっ!
あ…っ!
もうちょい…
ズリ…
右《みぎ》に…!!
はいコレ水《みず》
スクッ
あ――っ!!!
バレたらドン引《び》きだろうな…
超童貞感
冷静《れいせい》に冷静《れいせい》に…
BANANA
ヤベッ
間接《かんせつ》キス…ッ!

ヤベェ
マミちゃん
超《ちょう》イイ匂《にお》い…っ！
思《おも》えば
付《つ》き合《あ》ってる時《とき》も
こんなに優《やさ》しくして
もらったことねぇかもな…
マミちゃん…!!
マミちゃん…っ!!
その肩《かた》を
抱《だ》きたい
その腰《こし》を
抱《だ》きたい
君《きみ》が他《ほか》の男《おとこ》に抱《だ》かれるなんて
地獄《じごく》なんだよ…っ!!!
タクシー
通るかねぇ？
人気《ひとけ》はねぇ！
こんな好機《チャンス》
二度《にど》とねぇ！
行《い》け…ッ
俺《おれ》…!!

行《い》け…ッ!!!
いっ 今《いま》からウチ来《こ》ねえ?
さくっと
えっ?
「えっ」って何《なに》!? そういう流《なが》れじゃないの!?
………
えっ…!?
飲《の》み会《かい》で再会《さいかい》した元《もと》恋人《こいびと》同士《どうし》の恋《こい》が再《ふたた》び燃《も》え上《あ》がってみたいなやつじゃないの!?

いやっ 別《べつ》に変《へん》なイミじゃなくてさ!
ヤベェ! 取《と》り乱《みだ》すな…っ!!
魚《さかな》!? 見《み》せたい魚《さかな》がいて…
下心《したごころ》がバレたらストーカーってキモがられる……っ!
………
ダメだ!! バレてる…
未練《みれん》とかそういうキモいのじゃなくてさっ!
もう押《お》すしか……っ!!
ただ 何《なに》!? 大学《だいがく》で見《み》る度《たび》マミちゃんすげー可愛《かわい》くてさ!
足《あし》とかすげーエロくて…
俺《おれ》…っ!!
バカッ!! 何《なに》言《い》ってんだ俺《おれ》…ッ!!
和《かず》くん…
コツ…

そっか
ごめんね・・・
よしよし

なんだ俺《おれ》
ゴミかよ……
マミちゃんにその気《き》はねーのに…
叶《かな》わねー未練《みれん》引《ひ》きずって水原《みずはら》まで傷《きず》つけて
一生《いっしょう》触《さわ》れねー元《もと》カノの足見《あしみ》て勃起《ぼっき》して…
1人《ひとり》で勘違《かんちが》いして興奮《こうふん》して
調子乗《ちょうしの》って告《こく》って…
またフラれて…
頭《あたま》なでられて…!!
でも…
どうしようもねぇ…っ!!

叫《さけ》ぶんだ…
心《こころ》が…っ
〝マミちゃん〟《この人》に嫌《きら》われたくねぇって……
お酒《さけ》落《お》ち着《つ》いた?
うん…
叫《さけ》ぶんだ…っ!!!
でも和《かず》くん面白《おもしろ》いコと付《つ》き合《あ》ってるねー
ぱん ぱん
え?

ずっと大人《おとな》しくしてると思《おも》ったら急《きゅう》に怒鳴《どな》って…
不思議《ふしぎ》ちゃん系《けい》☆？
でも私《わたし》地・雷・多《おお》いコちょっと苦手《にがて》だな
少《すこ》しカラミ辛《づら》いっていうか…
イ・タ・い・っていうか？
まぁカオで選《えら》ぶのも悪《わる》くはないケド
とっ
和《かず》くんももう大《お》きいんだから
中・身・見《み》ないとー
そんなコじゃないよ
は？

水《みず》原《はら》は
BANANA
BANANA

そんなコじゃ
ないよ
どっ　どうしちゃったの
和《かず》くん！
お酒《さけ》
飲《の》み過《す》ぎた!?
なんかちょっと
怖・・・いよ？

…ごめん
俺《おれ》 本当《ほんとう》はまだ マミちゃんのこと
好《す》きなんだ…
人前《ひとまえ》で 何《なに》言《い》われても 腹立《はらた》たないし
むしろ話《はな》して くれるだけで 心躍《こころおど》るくらい 嬉《うれ》しくて…
俺《おれ》がこの手《て》で 一生幸《いっしょうしあわ》せに するんだって
本気《ほんき》で 思《おも》ってた…
でも 水原《みずはら》のこと悪《わる》く 言《い》われるのは
なんか違《ちが》う 気《き》がする

ゃ 私《わたし》はっ
悪《わる》く なんて…!!
ハッ
!
ごっ ごめんっ!
ザッ
!!
たたたっ
!
イテッ
ドンッ
すっ すみません
なんで あんなこと
言《い》ったん だろう…
ったく ヨッパライ
大学生か?
よろっ

自分《じぶん》でもわからない
きっとマミちゃんに嫌《きら》われた
でも不思議《ふしぎ》と
後悔《こうかい》はない
クズ…ブラックリスト……!!
当然《とうぜん》だ!!
今《いま》はただ水原《みずはら》に会《あ》いたい!!
会《あ》って一言《ひとこと》謝《あやま》りたい!!!

ポーン……
はぁ
はぁ
……
留守《るす》…？
それとも
怒《おこ》って…
そりゃそうだよな…
散々《さんざん》無理《むり》な注文《ちゅうもん》した上《うえ》に
恥《はじ》までかかしたんだ
ハタから見《み》たって
こんな迷惑《めいわく》な
客《きゃく》はいない…
ブラックリストて
誰《だれ》だって
もう二度《にど》と
会《あ》いたくなんて
——
ヤンッ

水原《みずはら》……!!
……
……

……
謝《あやま》らなきゃ…!!
謝《あやま》らなきゃ…!!
その… ごめん俺《おれ》
なんて言《い》ったらいいか…
…別《べつ》に怒《おこ》ってないから
えっ?
言《い》ってるでしょ?
私《わたし》は「レンタル彼女《かのじょ》」
あなたがどう使《つか》おうと勝手《かって》
「元《もと》カノ」の方《ほう》が 大切《たいせつ》で当然《とうぜん》だわ

水《みず》原《はら》…っ!
それで?
ヨリ戻《もど》せたの?
……!!
水原《みずはら》は
そんなコじゃないよ
……っ
戻《もど》せなかった……!!
それどころか嫌《きら》われるようなことまで言《い》って……!!
走《はし》って帰《かえ》って来《き》ちまった……!!

ホント クズだよな 俺《おれ》って…!!
いつまでも くだらねぇ未練《みれん》 引《ひ》きずって…
「前向《まえむ》き」なんて 口《くち》ばっかで…!!
関係《かんけい》ない あんたまで 傷《きず》つけて…!!
ごめんな 水原《みずはら》…っ!
本当《ほんとう》 なんなんだろ 俺《おれ》…っ!!

……うっ
ズッ
うう……っ
…くだらなく なんか ないわよ
えっ
簡単《かんたん》に忘《わす》れられないから「大切《たいせつ》」なんでしょ？
ポイできちゃう関係《かんけい》より幾分《いくぶん》マシよ
水原《みずはら》…っ！

「レンタル《今のまま》」続《つづ》けてみたら？
寂《さび》しくて死《し》にそうな夜《よる》もあれば「またね」でしか溶《と》けない「バイバイ」もある……
私《わたし》でよければ
相手《あいて》するから

物事《ものごと》の
忘《わす》れ方《かた》には
2種類《しゅるい》ある
〝時《とき》〟が
風化《ふうか》させる場合《ばあい》と
う……っ
〝新《あたら》しい
大切《たいせつ》〟が
うう…っ
塗《ぬ》り潰《つぶ》す
場合《ばあい》だ
…うっ…
水原《みずはら》〜っ!!

満《まん》足《ぞく》度《ど》★7 海《うみ》と彼《カノ》女《ジョ》①

大《だい》学《がく》入《にゅう》学《がく》から
3か月《げつ》——
とにかく色々《いろいろ》な
ことがあった
俺《おれ》の大学生活《キャンパスライフ》も
かのじょ…っ
彼女《かのじょ》だ…っ!!
今は俺の…
「彼女《かのじょ》」
だよな——……
100日《にち》が経《た》ち——
みーん
みーん
未《いま》だ
〝童貞《どうてい》・彼女《かのじょ》なし〟
絶賛継続中《ぜっさんけいぞくちゅう》の俺《おれ》を
あ〜んっ
あんっあんっ
えりえ〜る
置《お》き去《ざ》りに
するように——
きゃっきゃっ
キラキラ
季節《きせつ》は
〝この世《よ》の春《はる》〟——
アハハ

・・・・・・
大学1年の夏を
迎《むか》えようとして
いた――!!
ギギギ
ぐでぐで～
死んだ…っ!!
消え去りたい
ぐおおお!!
なんで俺《おれ》は
あんなこと言《い》っち
まったんだーっ!!
マミちゃんに
念写クッション
馬鹿《ばか》か俺《おれ》は!!
水原《みずはら》は
〝レンタル彼女《かのじょ》〟!!
死ね!!
ボスボス
死ね!!
こいつ
あの時の俺
水原《みずはら》は
そんなコ
じゃないよ
かばったって
マミちゃん
怒《おこ》らすだけ
なのに!!
むしろ大金払ってる
キモいんだよ!!
ぼ
ふっ
ああぁ…
大学《だいがく》で
マミちゃんに
どんなカオしろ
ってんだよ……

でも水原《みずはら》は…
なんであんなこと…
たしかばーちゃん達《たち》が退院《たいいん》するまでって話《はなし》だった気《き》がするけど…
私でよければ
相手するから
あの口《くち》ぶりじゃその先《さき》もレンタルしていいみてーじゃねーか…
あんなこと言《い》ってくれるなんて…
意外《いがい》と悪《わる》いヤツじゃねーのかもな…
カタンッ
パサ
手紙《てがみ》…？
さっ
一ノ瀬
!!
ガチャ
水原《みずはら》!?

カン
カン
カン
カン
たたた
早《はや》……
取り付く島なし……
でも水原《みずはら》から俺《おれ》にコンタクトを…
てっ 手紙《てがみ》…？
口《くち》では言《い》えないこと……!?
私《わたし》でよければ
相手《あいて》するから
このあいだのこともあるし
もしや……
もしや…っ!!!
もじもじ
私《わたし》あなたのこと
お客《きゃく》さんとして見《み》れなくなっちゃって…

木ノ下様
お世話になっています。
先日の延長料金
一万七千円
お支払い頂いていません。
添付の封筒に入れ
ポスト投函願います
(事務所には自腹で立て替えました)
レンタル彼女 ダイアモンド
水原千鶴
かさ…っ
請求書《せいきゅうしょ》……っ!!!
がく…っ
はぁ…
……延長料金ね
「客《きゃく》」に優《やさ》しくすんのは
当然…か……

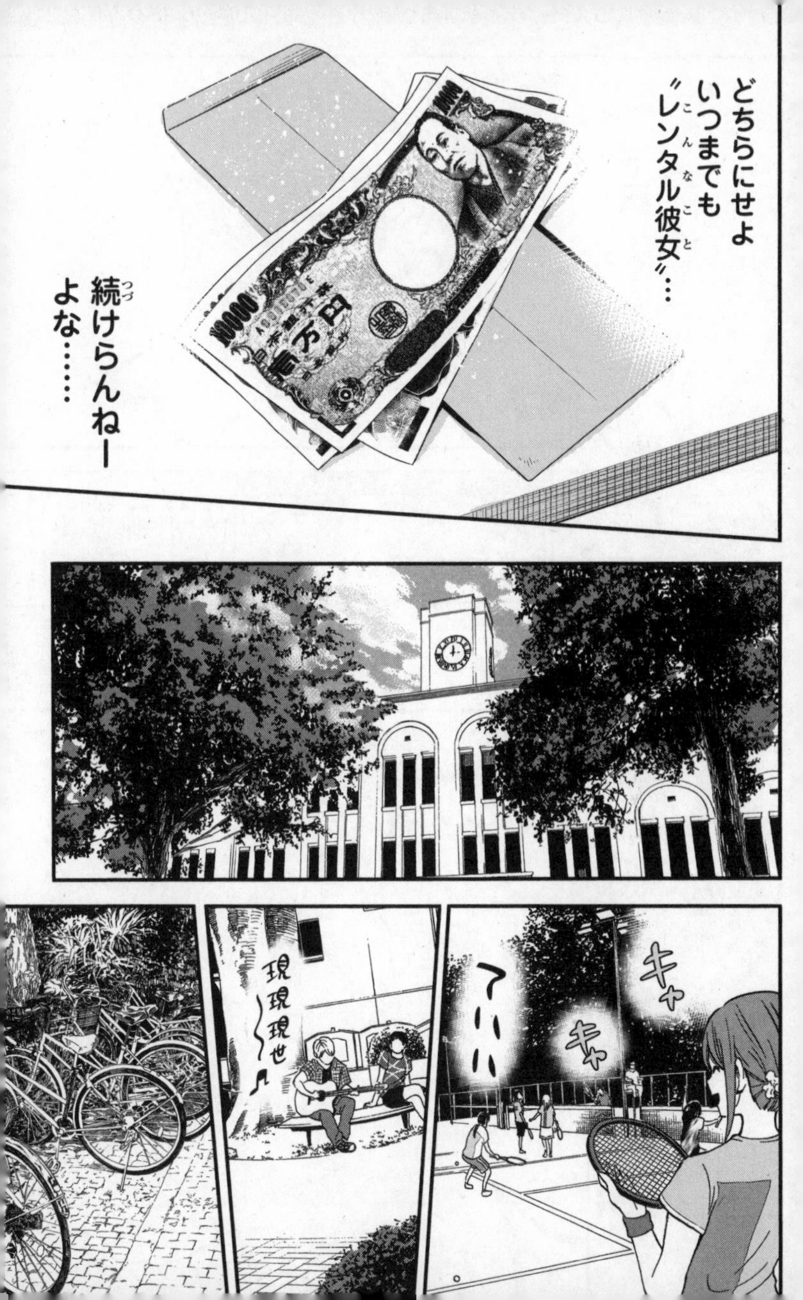
どちらにせよ
いつまでも
〝レンタル彼女《こんなこと》〟…
続《つづ》けらんねー
よな……
現現現せ〜♪
キャ
キャ
アハハ

え？
あっー…
下田《しもだ》…？
海て．
ああ
伊豆半島《いずはんとう》
一泊二日《ぱくふつか》
㊎ある？
まっまぁ…
親《しん》ボクを
深《ふか》めるにあたって
笹・パ・イが前《まえ》から計画《けいかく》
してたみてーでさ
いつもの世話焼き
それが メンツが
前《まえ》の飲みの
メンツなんだよ
…てことは
マミちゃんと
海《うみ》……っ!!
水原《みずはら》は
そんなコ
じゃないよ

……
…俺《おれ》がよくても
きっとマミちゃんが嫌《いや》がるよ…
それが そう思《おも》って笹《さ》パイが聞《き》いてみたらしいんだけどさ
やっぱ和也《かずや》は
呼《よ》ばないほうが……
え
え――っ何《なん》でですか!?
和《かず》くんも彼女《かのじょ》さん連《つ》れてくればいいじゃないですか――っ!
海《うみ》――っ!
アガる～!
てんてん

えっ
マミちゃんが…っ!?
俺《おれ》あんなこと言《い》ったのに
怒《おこ》ってないってことか…!?
ドキ
ドキ
?
天使《てんし》…!!
マジエンジェル…!!
気にしないで和くん!
千鶴《ちづる》ちゃんはどうなんだよ
来られんのかよ
うま…
おかわりも坦坦麺だな
え?
えっじゃねーだろ!
ガッ
あのあとちゃんと仲直《なかなお》りしたのかって話《はなし》だよ!
SUMMER
FISH
トーゼン!
ガツンと言《い》ってやったさ!
…
まぁ2人《ふたり》の問題《もんだい》だ
口出《くちだ》す気《き》はねーけどさ

お前《まえ》が本気《ほんき》で
マミちゃん
好《す》きだったのは
知《し》ってるけどさ
〝今《いま》の彼女《かのじょ》〟
大切《たいせつ》にしろよ
カタ
カタ
スッ
木部《こいつ》は何《なに》も
知《し》らねーんだ…
大切《たいせつ》に
したいさ…
〝本当《ほんとう》の彼女《かのじょ》〟
なら
いくらでも……

カタ カタ
……
ちょっと ちづる 聞《き》いてる!?
部屋《へや》に温泉《おんせん》あるんだってー!!
むこうの話 気になる?
あっ あのさ! 行《ゆ》き先《さき》って まだ変更《へんこう》とか…っ
4階《かい》 プール付《つ》きだよ 凄《すご》くない!?
……
ちょっ 黙《だま》って! その前《まえ》にテストだから
……
メシ よこせ

プール・海《うみ》など肌《はだ》の露出《ろしゅつ》をともなう場所《ばしょ》へ行く
強要《きょうよう》する行為《こうい》を禁《きん》ずる…か
中《なか》にはヤベェ客《きゃく》もいそうだしな…
イタズラにムラムラさせねーようにか…
確《たし》かに 水原《みずはら》可愛《かわい》いしスタイルいいし
水着姿《みずぎすがた》なんて見《み》せられたら規約《きやく》 守《まも》らずに男《おとこ》が何《なに》しでかすかわかったもんじゃねーもんな……
すでに前科数犯
だいいちあんな修羅場《しゅらば》二度《にど》とゴメンだ
まぁそもそもあの〝鉄《てつ》の女《おんな》〟水原《みずはら》が
木部には断わり入れとこう
ついてきてくれるはずねーよな……
見舞いでもねーのに
沼津 三島
Numazu Mishima
8
出口
Exit 5

海《うみ》ーーっ!!!
やっぱりテスト終《お》わった後《あと》の解放感《かいほうかん》は最高《さいこう》だねーーっ!
赤点《あかてん》とって泣《な》くなよー
先パイこそレポートゼロっぽいー
練太のルパンと呼んでくれ
千鶴《ちづる》ちゃんは?
さすがに来《こ》られなくて!
急で

ウチの〝彼女《かのじょ》〟水着《みずぎ》NGだからとか言《い》ったら
ウケっかな…？
どんな彼女だよ……!!
とりあえずホテルにチェックインしてこよう！
イェーイ♥

わーっ!
すごーい きれーーっ
黒船ホテル
714と715号室《ごうしつ》ね
これ鍵
水着《みずぎ》着替《きか》えて10分後《ぶんご》ここで集合《しゅうごう》な
はいは〜い❤
ワリー俺 お土産
早くね?
キャイ
キャイ
水着《みずぎ》… マミちゃん……
俺《おれ》のこと… 水原《みずはら》のこと… どう思《おも》ってる?
ちょっとトイレ
荷物見てて
やっぱり怒《おこ》ってるようには見《み》えねーけど
ヤベェ… なんだかもう うっすら水着《みずぎ》に見《み》えてきた
ポヤァ
旅行《りょこう》に誘《さそ》って くれたってことは 悪《わる》くは思《おも》ってねー みてーだよな…?

弟《おとうと》からLINEがこなきゃ家《いえ》に上《あ》げてくれたわけだし
ウチ近いから
休んでったら?
ウチに来《こ》なかったからって諦《あきら》めるには早《はや》すぎる…!!
今日《きょう》は水原《みずはら》もいねーし
マミちゃんの気持《きも》ち確《たし》かめるには最適《さいてき》だ!
たとえ水原《みずはら》と別《わか》れたって話《はな》すことになっても
マミちゃん連《つ》れてけばきっと納得《なっとく》してくれる!
この旅行《りょこう》で俺《おれ》は…
マミちゃんと…!!
BEACH

カタ
カタ
沼
@mendokusai△△△
129フォロー
3フォロワー
ツイートと返信
メディア
沼
一か月で彼女つくるとかあてつけ？
タ
タ
沼
@mendokusai△△△
129フォロー
3フォロワー
ツイートと返信
メディア
沼
名前なんだっけ？ちづこ？つるこ？忘れた
タ
タ
カタ
カタ
私の前でかばうとかありえない
カタ
タ
ぜってー別れさす
タ
タ
タ

ちょっとマミ
皆《みんな》待ってるよー
何《なに》？ マミ
Twitter《ツイッター》？
…違《ちが》う
えー
じゃあ
インスタ？
違《ちが》う
えっ…
じゃあ何
あーーっ
ヤバイ
テンション
上《あ》がって
きたーっ！
ほらほら
海《うみ》だよっ
楽《たの》しも！

〝ベリーロード〟だって！
黒船来航
下田《しもだ》バーガー食《た》べたーい
魚なんだって〜
キャイ
キャイ
ちづるも早《はや》く来《き》なよーっ！
何してんのーって
えっ あっ うん…
キョロ
キョロ
……

下田《しもだ》に
懸《か》ける……っ!!
〝本物《ほんもの》の彼女《かのじょ》〟を連《つ》れて行《い》けば！
〝レンタル彼女《水原》〟に頼《たよ》る必要《ひつよう》はない…っ！
あてのないレンカノライフは
伊豆半島《いずはんとう》に置《お》いていく…っ!!

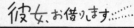

満足度《まんぞくど》 8 海《うみ》と彼女《カノジョ》②

キャッ
キャッ
キャ
キャッ
カッ
元カノ ヨリ戻す 方法
チッ
カタ
カタ
つっても
どうすりゃ
いいんだ…っ!
告白《こくはく》なんて
できるわけ
ねーし…!!
どうすれば
マミちゃんに
好《す》かれるか
なんて……
ハァわかったら
別れてねーわ
だいたい
水原《かのじょ》がいる(と思《おも》われてる)俺《おれ》と
ヨリ戻《もど》すなんて
マミちゃんに限って
万《まん》に一《ひと》つも……
かーずくんっ

どう？
遊《あそ》んでる？
あっ ああ うん！
さ さっ
もう最《さい》っ高《こう》！
大学《だいがく》1年《ねん》の夏《なつ》なんて遊《あそ》ばないと命《いのち》への冒《ぼう》トクだよー？
ジュース ジュース
だっ だよなー!!
ほんとそれ
…!!
なんかエロい
むくっ

お、落《お》ち着《つ》け俺《おれ》…!!
水着《みずぎ》でいちいち勃起《ぼっき》してるとバレたらドン引《び》きだ…!!
えっ和くんて
お猿さんなの…?
冷静 冷静
でもこれは見《み》ねーと…
一生後悔《いっしょうこうかい》する…!!
ぐいっ
和《かず》くんも飲《の》む?
オランジーナ
くるっ
えっ ああうん!
ぎくっ
あ――――っ!!!
くっそーくっそー…
あと2アングルは欲《ほ》しかった…
オヤズに…
ちゅー
しゅかっ
そうだ!
パチ
この間《あいだ》
ごめんね
え?

反省《はんせい》してるんだ… いくら飲《の》みの席《せき》でも 和《かず》くんにあんなこと 言《い》うなんて
無神経《むしんけい》だったなって…
いやっ そんな 俺《おれ》の方《ほう》こそ 生意気《なまいき》言《い》っ…
ううんっ
彼女《かのじょ》さんの 言《い》う通《とお》りだよ
私《わたし》…悪《わる》い女《おんな》 だった…
そうか… マミちゃんも 気《き》にして くれて たんだ…
やっぱり マミちゃん いい子《こ》だな ………
それにしても 1か月《げつ》だけど 色《いろ》んなこと 覚《おぼ》えてるな ──っ!
和くんとは
ガタッ
本当《ほんとう》!?
ディズニーランドも 行《い》ったし
スカイツリーも 行《い》ったし
あっ あと TDCも!

勢《いきお》いで
キスもしちゃったしね…
◎だけ
……!!
忘《わす》れもしない5月《がつ》23日《にち》
デートの別《わか》れ際《ぎわ》にチュッ…て
柔《やわ》らかかったな…
マミちゃんの唇《くちびる》……
ごくっ
覚《おぼ》えてる? そういえば
将来《しょうらい》つけたい子供《こども》の名前《なまえ》とか決《き》めてたよね
ばかだねウチら
まっ
麻也でしょ?
そうそう!
麻也!

2人《ふたり》から1字《じ》ずつ取《と》って
男《おとこ》の子《こ》でも女《おんな》の子《こ》でもこの名前《なまえ》にしようって
和《かず》くん 子供何人《こどもなんにん》欲《ほ》しいって聞《き》いたらサッカーチームができるくらいとか言《い》うしっ
ガタッ
ぎゃー!!
あせ
あせ
おっおおおお多《おお》い方《ほう》がたた楽《たの》しいじゃんっ!!
私《わたし》の体力《たいりょく》も考《かんが》えてって感《かん》じ
はっ ははっ
はーっそれはそれで楽《たの》しかっただろうなーっ!
体力《たいりょく》…!? なんの体力《たいりょく》…!?
…でもさ 彼女《かのじょ》さんいい子《こ》だし
相思相愛《そうしそうあい》って感《かん》じだし

もう…
生《う》まれないんだねぇ
麻也《まや》は

どういうこと
マミちゃん!?
なんで
寂《さび》しそうな
カオを…!?
やっぱり
この間《あいだ》のは
フラれた
わけじゃ
なくて
そっか
ごめんね
よしよし
もう一度《いちど》
本気《ほんき》で
俺《おれ》を…
!?
違《ちが》うんだ
マミちゃん
水原《みずはら》は
「レンタル彼女《かのじょ》」
なんだ
金払《かねはら》って
連《つ》れ添《そ》って
もらってる
俺達《おれたち》に
〝将来《しょうらい》〟なんて
ないんだよ…っ!!
俺《おれ》は
マミちゃんと

マミちゃんと…っ!!!
あっ あのさ! …その
タッ
ダッ
本当《ほんとう》は…
……
俺《おれ》と千鶴《ちづる》は…っ!!
あれ!?
……?

今井《いまい》さん!?
おいしい タン塩
あれ 新保《しんぼ》ちゃん
……っ!
ふい
ゆっ
え…っ!?

え――――!!
ピシッ
新保《しんぽ》ちゃん来《き》てたんだ――っ!
向 知《し》り合《あ》い?
あっうん 国際《こくさい》コミュで一緒《いっしょ》で
奇遇《きぐう》だね――っ!
私達《わたしたち》もテストの解放感《かいほうかん》で…
エへへ~

なんで下田《ここ》に水原《みずはら》が……っ!!?
み…っ
みみ…っ
えっ ちょっと待《ま》って どういう状況《じょうきょう》!? 水原《みずはら》!? いや あの格好《かっこう》は 一《いち》ノ瀬《せ》か…!?
ああ 俺《おれ》 知《し》ってる
文学部の
佐藤《さとう》さんと
市原《いちはら》さん
川中です
一《いち》ノ瀬《せ》です
あ ゴメン
キマズ
サイテー
知らねーじゃん

どうしたん
だよ 和也《かずや》
さっきからキョドって
カオ真っ青
ええ!?
あっ いや……!!
てってか
誰《だれ》も
気付《きづ》いて
ない…!?
一《いち》ノ瀬《せ》が
水原《みずはら》だって
……っ!!
たしか和也《かずや》と
一《いち》ノ瀬《せ》さんは
知《し》り合《あ》い…
前ガッコーで
えっ!?

な、なんだよこの状況《じょうきょう》…!!
あっいや
えっと………!!
俺《おれ》は一体《いったい》どうすれば……っ!?
…初《はじ》めてですよね
初《はじ》めまして
和也《かずや》…さん？
はっ…
初《はじ》めまして…
すげー圧カ…

いっ…
いやいや…
!!
くるっ
だって…!
くるっ
……あ…
あんた…!!
バ
バレた!!!

海《うみ》でもメガネを…っ？
バカだ!!!
ポラッツだ！
和也《かずや》メモ
解説《かいせつ》しよう！
水原《みずはら》は髪《かみ》を束《たば》ねることでキューティクルを消《け》し
度《ど》の強《つよ》いメガネをかけて目《め》を小《ちい》さくすることで本人《ほんにん》とはわからないようにしているんだ！
曜子《ようこ》 行《い》こ
じゃ
ああ うん ごめんウチらもう場所《ばしょ》取《と》ってあって
くるっ
ああ うん またねー
いいのか？
ああ…うん 1回《かい》授業《じゅぎょう》でバディ組《く》んだだけだし
ちょっとキマズイ
…!!

ありゃ ネクラだな
海でメガネ
海入る気ゼロかよ
ああ こっちまで 盛《も》り下《さ》がっちまう
離れて正解
色気《いろけ》がなさすぎる
ムネはまぁまぁあったけどな
人生《じんせい》のセックスライフ棒《ぼう》に振《ふ》るぞ!
他《ほか》の女《おんな》がゴミに見《み》えるぞ!!
こいつら……!!
節操が無さすぎる……!!
じゃあそろそろ昼《ひる》にするか
わい
わい
……
誰《だれ》か食料《しょくりょう》買《か》って来《き》てー
俺ビール
帰り運転代わってー
よ 良《よ》かった…
なんとかバレずに済《す》んだ…っ
それにしてもあいつだって
相当《そうとう》ビビってたハズなのに…!!
水《みず》原《はら》千《ち》鶴《づる》
太《ふて》え女《おんな》
ドキ
ドキ
ドキ
ドキ

和《かず》くん 和《かず》くん
チョン チョン
!
まっ マミちゃん
さっき なんて言《い》おうとしたの?
ええ?
言《い》ったよね さっき
俺達《おれたち》本当《ほんとう》はって……
ああ… いや あれは……!!
……私《わたし》
ちゃんと聞《き》きたい……!!

和《かず》くんと彼女《かのじょ》さんの
聞《き》かせて？
ホ・ン・ト・の・こ・と・…
ま　マミちゃん…！

あ…えっと
それは…!!
男《ヤロー》集合!
おい 和也《かずや》!
メシジャンケン
するぞ
買い出し
おおう!
ごめん行かなきゃ
あ…あぶね……っ!
俺スーパーカップみそ味
私ねぎトロ巻き~
ワイワイ
……
じゃーんけーん…
……
TamilyMart
俺《おれ》ジャンケン弱《よわ》
はあ…
どよ~ん
どうすりゃいいんだ…!!
トイレで悩むタイプ

↙必死に状況を整理する和也
マミちゃんの気持《きも》ちを確《たし》かめるには 水原《みずはら》が"本当《ほんとう》の彼女《かのじょ》"じゃないって伝《つた》える必要《ひつよう》があるけど
知り合い
水原見てっと冷静になったぜ
でも そんなこと言《い》ったら ばーちゃんにも伝《つた》わっちまうし…
だいたい「レンタル彼女《かのじょ》」だなんてバラしたら…っ!!
えっ レンタル彼女《かのじょ》!? 千鶴ちゃんが!?
ギャハハハ
レンタ
れんた…
よじれる――っ!!
ヒーッ
ヒーッ
神よ
おお
前っ
ギャハハハ
ハヒーッ
すみません 和《かず》さん 俺《おれ》が側《そば》にいながら… 救えなかった
気《き》持ちはわかるよ…
プククク…
ポン
聞こえなかったフリ
えーもう無理じゃなーい?
れ…レンタル彼女《かのじょ》ね…
うん… しょーがないよね…
童貞だもんね…
発想が違うよね
それだけは耐《た》えられね――っ!!
ぐおーァ
だいたい なんで水原《みずはら》は
下田《ここ》に…?
地元でもあるまいし

ガチャ
ん?
カギかけわすれ…
は…!!
ばたん
なっ…っ
みずはら…
てっ
ちょちょちょ!
ぐいっ
きゃっ
もう何よ!

ちょっと どういう つもり!? 派手《はで》な接触《せっしょく》は 困《こま》るわ！
近寄らない 約束は!?
っっ
バタン
今《いま》までは運良《うんよ》く バレなかったけど
私《わたし》が水原《みずはら》だって 知《し》れたら 余計《よけい》 ややこしくなるっ！
わかってる!?‥
なっ
なんで 下田《ここ》に いんだよ
危キ一髪 だった じゃねーか
それは お互《たが》い様《さま》 でしょっ
棚に上げないで！
私《わたし》にだって 友達《ともだち》くらい いるわよ
ただの旅行
皆《みんな》が絶対《ぜったい》 海《うみ》がいいって 言《い》うから仕方《しかた》なく
まさかビーチまで 一緒《いっしょ》とは思《おも》わな かったけど
気付《きづ》く気配《けはい》ないし …普通《ふつう》よ
…………
やっぱすげー 図太い
…にしても

木部《きべ》たちに言《い》われんのも無理《むり》ねーか…
いつもの格好《かっこう》に比《くら》べりゃ砕《くだ》けた方《ほう》なのかもしれねーけど
いつもの格好
あのビキニギャル(マミちゃん)に比《くら》べればあまりにも地味
何よ
まぁバレたくねーんだろーから当然だけどぃ
普段の水原息潜めすぎだろ
まぁ確《たし》かにムネは
だから何よ
なかなかのもんだけど…
ぼ
言い辛いんだけど…
あ あの…さ
何《なに》？ お金《かね》なら貸《か》さないわよ
お前《まえ》 俺《ひと》を何《なん》だとし思《おも》ってんだ
びたっ

その… なんで あの時《とき》あんなこと 言《い》ってくれたんだ…？
私《わたし》で良《よ》ければ 相手《あいて》する って…
どういうイミで…
私で 良ければ 相手する から
……
別《べつ》に深《ふか》い イミはないわ
あなた 落《お》ち込んでた みたいだし
レンカノで フラレた寂《さび》しさ 紛《まぎ》らわせるなら それも アリって話《はなし》を しただけ…
そ そっか…
そうだよな
あくまで “レンタル 彼女《かのじょ》”…
でも やっぱり
いい奴《やつ》…

でも…
それなら良かったよ………
え？
良かったて？
あっいや あんなこと言《い》っといてなんなんだけど さ……
嫌われたとか
実《じつ》はその… 今《いま》マミちゃんとイイ感《かん》じっていうか…
もしかしたら〝脈《みゃく》アリ〟かもしんないっていうか…
？
そっ そう…
よかったじゃない
その〜っ 水原《みずはら》は〝レンカノ〟だしさ
こんなん言《い》うのも変《へん》かなーとも思《おも》ったんだけどさ
一応《いちおう》 俺達《おれたち》〝水曜《すいよう》の恋人《こいびと》〟だし…
？
散々優《さんざんやさ》しくしてもらったわけで…
？

俺《おれ》がマミちゃんとヨリ戻《もど》したら 水原《みずはら》
気《き》ィ悪《わる》くしねぇか心配《しんぱい》で……

プルプルプル
いや 本当《ほんとう》
水原《みずはら》にはめっちゃ
感謝《かんしゃ》してて…
くっだらない
帰《かえ》るっ！
あっ ちょ
放《はな》して！
痛《いた》！
勘違《かんちが》いしないで!!
私《わたし》とあなたは
〝彼女《かのじょ》〟と〝お客《きゃく》〟！
え…っ
私《わたし》は
〝レンタル彼女《かのじょ》〟
だし
あなたに
気はない!!
ちょっと同情《どうじょう》して
優《やさ》しくしたら
どこまで
おめでたいの!?
考えらんないっっ!!
なっなっ！
そんなことで
声《こえ》かけてくるなんて
危機管理能力《ききかんりのうりょく》
ゼロなわけ!?
ネジ外れてる!!
なんだよそれ
関係ねーだろっ
元カノとヨリ戻したい
ならどーぞ
ご勝手に!!
どんなズバリ
ぐ…っ

言《い》ったはずよ！週《しゅう》1でレンタルされてるのは あなたの為《ため》じゃない！
あなたのおばあさんの為《ため》よ！
いいんだから
あなたみたいな人《ひと》に勘違《かんちが》いされるくらいなら今《いま》すぐ病院《びょういん》に電話《でんわ》して別《わか》れたって話《はな》す覚悟《かく ご》だから！
ぎ…ッ！
そこまで言うかよ
ヒデェ…
やっやっぱりこいつ…
俺恥ず…
性格《せいかく》キツ…ッ
ったくあなたと話《はな》してると
クラクラする…
よろ…
中《なか》にいるの…？
話し声…
え？

成人向け雑誌
和《かず》くん…？
………!!
……っ!

和《かず》くん?
中《なか》にいるの?
どーするどーする
あなた行きなさいよ!
あなたしかいないでしょ!!
やっやぁマミちゃん
どうかしたの?
なんでここにって
ガチャ
おさんぽかい…?
買《か》い出《だ》し手伝《てつだ》いに
和《かず》くん……
中《なか》に誰《だれ》かいるの?
話し声が
ぱたん
えっ!? いやっ
いないよっ!!
でっ電話《でんわ》!?
電話《でんわ》してて…!!
知り合いと

嘘《うそ》
和《かず》くんのスマホ、
アハハハ
テーブルに置《お》いてあった…
ビーチの
!!
ばっ
ばっ
ない…っ!!
カタン
ビクッ
ちらっ
…………
…っ

もうホント
男子《だんし》って
嘘《うそ》つくの
ヘタだよねー
とくに和くん
スッ
ダメだっ!!
一《いち》ノ瀬《せ》と密室《トイレ》で
話《はな》し込《こ》んでた
なんてバレたら
同一人物
どんなヤツでも
一《いち》ノ瀬《せ》と水原《俺の彼女》が
合致《がっち》する…!!!
もう…
ガチャ…
逃《のが》れ…っ!!!
ガチャ
ぴ
くっ

……か……
彼女《かのじょ》さん…？
ひた

お久《ひさ》しぶりです
和也《かずや》さんの彼女《かのじょ》の
水原《みずはら》千鶴《ちづる》です
ビリビリ
ぱぁ…っ
だだたたっ

お久《ひさ》しぶりです
和也《かずや》さんの彼女《かのじょ》の
水《みず》原《はら》千《ち》鶴《づる》です
彼女、お借りします
Kanojo, Okarisimasu

満《まん》足《ぞく》度《ど》
★10
海《うみ》と彼《カノ》女《ジョ》④

ちっ
千鶴《ちづる》さん!?
なっ…ななっ!!
きっ
来《き》ていらっしゃったんですか!?
なんでまた下田《ここ》に
いやー会えて嬉しいな
えっ ええ…
なっなんでお前らここに
裸足《はだし》!? 裸足《はだし》で大丈夫《だいじょうぶ》ですか!?
ちょっと海《うみ》に置《お》いて来《き》ちゃって
追加注文買い出しの
アハハ ドジな所《ところ》もあるんスね!
見かけによらず
なんだよ和也《かずや》呼《よ》んでたんなら言《い》えよ──!
彼女さんお気になさらずに
また自慢か?
ははっ まーな
ラブラブなめんな!
あれ? でも和也《かずや》
そーゆーのだけよく覚えてるタイプ
千鶴《ちづる》さん用事《ようじ》あるって言《い》ってなかったっけ
どーしてもって…
ギクッ

……っ！
……きっ
帰省《きせい》!?
え？
千鶴《ちづる》 地元《じもと》が
下田《このへん》でさ
!!
たっ たまたま予定《よてい》空《あ》いたみたいでさ！
じゃ合流《ごうりゅう》する？みたいな!?
ぴくっ
そ そうなんスか彼女《かのじょ》さん！
……ええ
まぁ…

いや〜ラブラブで羨《うらや》ましいな——っ!!
彼女《かのじょ》さんならいつだって大歓迎《だいかんげい》ですよ!
和也ちょっと来い!
なんかデジャヴ
てめぇトイレで千鶴《ちづる》ちゃんと2人《ふたり》っきりで何《なに》してたんだ…?
ナニかぁ!?
ナニしてたのか!?
あぁ…いやナニってワケじゃ
お前は誰だ
てめぇ正気か
あんなので童貞《どうてい》捨《す》てちまったらセックスライフ棒《ぼう》に振《ふ》るって前述《ぜんじゅつ》の通《とお》りだ!!
てめぇ全女《ぜんおんな》がゴミに見《み》える余生《よせい》送《おく》るつもりか!!
正気の沙汰とは思えん!!
生涯《しょうがい》の伴侶《はんりょ》を確定《かくてい》するまでセックスはするな!!
ひそ
ひそ
なんだあの胸に付いてんのは
伊豆半島か!? 房総半島か!?
知らねぇよ…っ!
なんでそんな必死《ひっし》なんだよ…!! 余生って…!!
上陸しかけたわ!!
なんの話て…
?
いいか!!
ヤ・る・な!!
ポン
ヤ・る・なっ!!
おお怖《こえ》え…
目が怖えし

シャッ
!?
でも良《よ》かった… 彼女《かのじょ》さんにも この間《あいだ》のこと 謝《あやま》りたかったんだ
…ごめんね
あぁ いえ… 私《わたし》の方《ほう》こそ すみません でした
amilyMart
あなたと コンビに
かっ 彼女《かのじょ》さん ビーサン 大丈夫《だいじょうぶ》スか!?
買ったやつサイズ合ってます!?
あ あっ ええ
……
カサ
カサ
カサ
カサ
お昼《ひる》 野菜《やさい》スティック だけで 足《た》りるんスか!?

あっ ごめん
私《わたし》 電話《でんわ》
1本《ぽん》
あ
ああっ
すんませんね オレらばっかり スーパーカップで がっつり！
お、私好きっすよ スーパーカップ
えー！マジすかー!?
ズルズル するんスかー!?
カタ
タ
タ
タ
友達の集まりだよ？
普通呼ぶ？
私に見せびらかし
たいわけ？
タ
タ
タ
マジ
これだから
童貞はイタい
タ
タ
は？ 何が
お久しぶりだよ
一生現れんな
タ
タ
スイーツ
カップル
逝けよ
タ

ちょっと 君《きみ》 可愛《かわい》いね
1人《ひとり》？
……
!!
ごっ ごめん
なんでも ない…っ
いそいそ
…ワコ
……
カア
カアア

ぐいっ
えっ？
とと…っっ？
ずいっ
なんだよ！急《きゅう》に引《ひ》っ張《ぱ》って
……
私《わたし》帰《かえ》る！
適当《てきとう》な嘘《うそ》考《かんが》えて！
はぁ!?
帰《かえ》るって今《いま》からかよ！
来たばか…
皆不審にっ
知《し》らないわ！これ以上《いじょう》の危険《きけん》は冒《おか》せない！
私の友達もいるし
水原《みずはら》になって出《で》て来《き》たのはそっちだろ!?
俺は言も…！
はぁ!? 他《ほか》に方法《ほうほう》があった!?
一《いち》ノ瀬《せ》とトイレで2人《ふたり》っきりで居《い》たなんてなったら それこそどう説明《せつめい》する気《き》!?
不可抗力よ！

まっ まさかマミちゃんが後《あと》から来《く》るなんて思《おも》わねーから！
たっ たしかに…!!
俺のせいか
だいたいあなたがもっと早《はや》く皆《みな》に別《わか》れたって伝《つた》えれば こうはならなかったでしょ!?
でっ でも それじゃ木部《きべ》からばーちゃんに
はぁ!? それ脅《おど》し!?
だいたい私 東京生まれ 東京育ちよ！
もう いいだろ 誰も知らねぇんだから！
ちっ 違《ちが》うよ 俺《おれ》は心配《しんぱい》を…!!
何《なに》ー？ 2人共《ふたりとも》 秘密《ひみつ》の話《はなし》ー？
ざっ ざっ
ラブラブだねー
マミちゃん…！
早《はや》く行《い》こ行《い》こー
ごはん冷めちゃう
ざっ ざっ
……
…っ

まさか千鶴《ちづる》ちゃんが下田《しもだ》の人《ひと》だったなんてなー
ア
ハ
ハ
そうだっ！なんか
おすすめのスポットとかあります？
地元民の
教えて教えて
えっ…っ！
ペリーロードとか…
超有名。
こいつお嬢《じょう》でさ！
お屋敷《やしき》に閉《と》じこもってたから全然遊《ぜんぜんあそ》びとか詳《くわ》しくなくて！
未だにちょっと病弱で
太陽とか苦手で
は!?
さっ
えーそうなんスかーっ
大変っスね
えっええ
色白《いろじろ》っスもんねー
ポ
ケホケホ
暑ーい
なんか目《め》エロー
でもそんなお嬢様《じょうさま》とどこで知《し》り合《あ》いに？
なっ
ナンパ!?
しっ渋谷《しぶや》で
ハチ公前で！
えーーっ！意外《いがい》と軽《かる》いんスね彼女《かのじょ》さんっ！
アハハハ
えっ ええ
まぁ
エヘヘー
やるなー和也ー！

テメーいくつ嘘を重ねれば
気が済むんだ
ぎゅううう
アハッアハハハハハハハハハ
タタタタタタタ
←たもも
ダメだ
この緊張感《きんちょうかん》耐《た》えらんね〜〜〜っ!!?
ちょっと砂落《すなお》としてくるわ
逃《に》げた!!
カ
さすさす
お?おお
ザワ
ザワ
ブルッ
つめた…
え 何《なに》あの子《こ》
黒髪《くろかみ》の
青《あお》い水着《みずぎ》の
超《ちょう》カワイー
見《み》ろよ あのスタイル
アイドル?
えっ あのぼーっとしたのが彼氏《かれし》!?
もったいねー
フェラーリにチンパンジーかよーっハハ
聞こえてるぞ
……
……
そりゃ そうだよな

誰《だれ》がどう見《み》たって
S級《きゅう》美《び》少女《しょうじょ》…!!!
スタイルも振るまいも
海《うみ》NGなのも
納得《なっとく》がいくぜ…っ!
そわそわ
改《あらた》めて俺《おれ》には
不釣《ふつ》り合《あ》いだよな…
また〝彼女《かのじょ》〟やらせちまった…
今回《こんかい》ばかりは金払《かねはら》っても許《ゆる》してくんねーかもな…

ごめんな
水原《みずはら》
この旅行《りょこう》が
終《お》わったら
話《はな》すよ
ばーちゃんにも
…皆《みんな》にも
ちゃんと
「別《わか》れた」って…
にしても マミちゃんは いよいよ
友達旅行に
彼女呼ぶとか…
…どん引《び》き
だろうな…!!
はぁ…っ
ケンカ売ってんのかよ俺
和《かず》
く〜ん!

こっち
こっちー!!
ぴょん
ぴょん
バシャ
バシャ
まっ
マミちゃん!?
ちょっとー
ブレス
落《お》としちゃって
——っ!
ターコイズ
えっ
だっ
大丈夫《だいじょうぶ》!?
怒《おこ》ってない
…のか?
バチャ
バチャ
ううんーっ
高《たか》かったん
だよ
メルカリなのに
五千円もしたんだよーっ
多分《たぶん》まだこの
岩場《いわば》の辺《あた》りに
探してっ
おっ　おう!
わかった…
バチャ
バチャ
きゃっ
ドンッ
おっ
おっと!

あははっ
マミちゃんラッキースケベみたい…!!
え?
え!?
ちょっ…
待《ま》……
なにを

えっ――
えっ!!??

ザザ…ン
ザザ…ン
……
って聞《き》いてる？彼女《かのじょ》さん
どこ見てんの？
あっ ええ ごめんなさい
いや なんで今回《こんかい》の旅行《りょこう》OKしたのかなーってさ
自分《じぶん》が行《い》くわけでもないのに
不安じゃないの？
女《おんな》と一緒《いっしょ》の旅行《りょこう》とか よく行《い》かせられるよね
私《わたし》 そういうのホントダメッ
彼女だったら
裕介《ゆうすけ》泣《な》いてたぞ
みはるは束縛《そくばく》キツいんだよ ——っー
はぁ!? あいつ そーいうんじゃないから
キモッ
…私《わたし》は…

和也《かずや》さんを
信《しん》じてます　から
なんだよ　のろけかよー、
ハハハ
なんか私小物感スゴくない？
和也羨ましー！
まさに良妻賢母！
ハハ
ア
……
チャプ‥
チャプ‥

チャプッ
チャプッ
…ごめんね
和《かず》くん
我慢《がまん》できなくなっちゃった……
チャプ
チャプ

満足度《まんぞくど》 11 ポッキーゲームと彼女《カノジョ》

心《こころ》から
はじめまして
〝運命《うんめい》の人《ひと》〟だと思《おも》った——
七海麻美《ななみまみ》です

……っ!
えっ何《なに》 和也《かずや》 顔赤《かおあか》くね?
マミちゃんに惚れた!?…
なっ なってねースよ!
もう マミ いっつもこれだからーー!
えー? そんなことないよー
こいつ童貞《どうてい》なんだよ
えっ早《はや》ッ!! その紹介《しょうかい》早《はや》くないスか!?
まだ出会って5秒っスよ!
彼女《かのじょ》もできたことなくて
えーーっ なんかわかるーーっ!!
わかるって何《なに》!?
先週《せんしゅう》まで出家《しゅっけ》しててね
南無……
お決まりの返し(70点)
えーーっ 童貞《どうてい》なんですかーっ!?
でもなんかかわいーっ
……
やめろってマミちゃん勘違《かんちが》いするから――
とりあえず皆《みんな》でLINEふりふり
おっ俺《おれ》木部《きべ》っス

俺《おれ》と付《つ》き合《あ》って下《くだ》さいっ!!
………
いいよ
!
え!?
いいの!? マジで!?
…うん
いいよ
付《つ》き合《あ》おっか
ウチら

にしてもどうやって
距離《きょり》縮《ちぢ》めたら
いいんだ？
あんまり
積極的《せっきょくてき》だと
ヒかれるかな
カタカタ
でももう ガマンできねー！
ええいままよっ
ピッ
ピロリン
Mami
日曜なら
空いてるよー♪
行こっか
ディズニー
ピコ ピコ
ピコ ピコ
ああ…
めっちゃ
ピコピコ
してる…！
ごろんっ
ああ…っ

日曜《にちよう》
和也《かずや》くんっ-!
待《ま》った?
…!
ううん! 全然《ぜんぜん》! 2秒前《びょうまえ》に来《き》たとこ!
嘘《うそ》だよーっ 2秒前《びょうまえ》見《み》えてたもーん
行こっか!
うんっ
キャッキャッ
キャアア
ザパァッ

ごめん！上着《うわぎ》貸《か》せば良《よ》かったね！
濡れちゃったね
その…俺《おれ》こういうの慣《な》れてなくて…
言《い》ったろ？女《おんな》の子《こ》と付《つ》き合《あ》ったことないって…
ごめんな…
私《わたし》もだよ…ッ
えっ そうなの!?
ガタッ
意外《いがい》…慣《な》れてるのかと思《おも》った…
可愛いし
高校《こうこう》ん時《とき》に2人《ふたり》？と付《つ》き合《あ》ったけどすぐ別《わか》れちゃったし…
遊んでそうとか言われるんだけど
あんまり男《おとこ》の人《ひと》得意《とくい》じゃないんだ…
マミちゃん…!!
そうなんだ…!!
だから…さ
ぎゅっ
ドキ
！

ヘタ同士《どうし》
一緒《いっしょ》に行《い》こっ
…俺《おれ》が
守《まも》る
俺《おれ》がこのコを
一生《いっしょう》
幸《しあわ》せにする…!!

とっ
ドキ
ドキ
くるっ
…今日《きょう》は楽《たの》しかった！
バイバイ
和《かず》くん！

チャプ
チャプ
…ご
ごめん
今《いま》のなし!
忘《わす》れて!
皆《みんな》の前《まえ》では
普通《ふつう》に…ねっ!
………
あっ
ブレス
有ったー!!
……っ!!

ワイ
ワイ
彼女《かのじょ》さん なんか顔赤《かおあか》くなーい?
あっいえ ちょっと体《からだ》がポカポカするだけで…
負《ま》けた人《ひと》ポッキーゲームねーっ!
ワイ
ワイ
ポヤ〜
ごめん和《かず》くん
我慢《がまん》できなくなっちゃって…
じ
ゆ…

忘《わす》れられる
ワケがない…っ!!
キス!?
我慢《がまん》できなくて?
それって"好《す》き"じゃないの?
ああああぁ
がらがら
何かが崩れる音
水原《みずはら》が現《あらわ》れて
終《お》わったかに見《み》えた
けど…それでむしろ
マミちゃんの想《おも》いは
燃《も》え上《あ》がったと
考《かん》えれば…!!
これはまさに
…略奪愛《りゃくだつあい》!!!
和也《かずや》さぁあん
一緒《いっしょ》のお墓《はか》に入《はい》らないか
さぁ続《つづ》きをしましょう
エロい…!
エロすぎる…!

ジーー
ジーー
和
酒店
え？
ばーちゃん!? 何《なん》の用《よう》だ？
ガタッ
ごめん ちょっと 電話《でんわ》…!!
う～～ヤバ… 本当《ほんとう》に風邪《かぜ》っぽいかも
ぶーぶー
はい もしもし
だぁーーっ!!! 轟沈《ごうちん》じゃーっ!!! 全艦轟沈《ぜんかんごうちん》じゃーっ!!! 島風《しまかぜ》ーーっ!!!
びくっ

"戦《せ》艦《ん》コレ《コレ》クション"の
ハードモードが
鬼《おに》過《す》ぎるんじゃ────っ!!
3日《みっか》やっても
勝《か》てんのじゃー!!
3万も
ガチャ
回《まわ》したんじゃ
ーっ!!
木ノ下さん病床《ベッド》のテーブルに
iPadのアームは…
酷《ひど》い!!
ウチの戦娘達《せんむすたち》が
こんなあられもない
姿《すがた》に…っ!!!
島風《しまかぜ》がー!!
雷《いかづち》がー!!
いやでも
これはこれであり…
そう…
残念《ざんねん》
だったね
じゃ
なんで
この人
入院えんだ
おっと
待《ま》て待《ま》て
和也《かずや》
PCゲーの
報告だけなわけ
なかろう
ま
まだ何《なに》か?
来週《らいしゅう》
退院《たいいん》
することに
なった…
……
え?

いやー ようやく
検査《けんさ》が終《お》わっての
味気《あじけ》ない病院食《びょういんしょく》とも
おさらばじゃ!
ガラ
ガラ
配膳係
これで
千鶴姫《ちづるひめ》にも
好《す》きな時《とき》に
会《あ》いに
行《ゆ》けるっ!
嬉しいかぎりじゃ
ばーちゃん
退院《たいいん》か
じゃあな
ぐおっ
ブッ
あ
ああ
今回《こんかい》も 大事《おおごと》に
ならなくて
良《よ》かった…
これで
水原《みずはら》との
関係《かんけい》も
終《お》わりだな
俺《おれ》はずっと
ばーちゃんを
騙《だま》してたん
だよな…

あ
和也《かずや》
やっと来《き》た
千鶴《ちづる》さん
待《ま》たせんなよ
え？ 何《なに》？
何《なに》じゃねーよ
コレ
ポーカー
負《ま》けた2人《ふたり》が
和也(不戦敗)
水原(ドベ)
ポッキーゲーム
って約束《やくそく》だろ？
あえての古典
はぁ!?
ポッキー
ゲーム!?
聞いて
ねーよ!
何《なに》言《い》ってんだ
始《はじ》めに約束《やくそく》
したろー？
そうだよー
マミちゃんの
キスで
ボケっとして
全然《ぜんぜん》聞《き》いて
なかった…!!
……!!
第一《だいいち》…
マミちゃんの
目《め》の前《まえ》で
……っ!

早《はや》くーっ！
恋人《こいびと》なら余裕《よゆう》でしょーっ！
ぶーぶー
罰ゲームになんない
いやっだからムリだって…!!
あーヤバイ本当《ほんとう》にボーっとしてきた
〝レンタル彼女《かのじょ》〟で
どすっ
ポッキーゲームなんて
スッ
えっ!?

ええっ!!?
何《なに》!?
いいの!?
アリなの!?
ヒュー
彼女《かのじょ》さん
大胆《だいたん》ーっ!
おーっ!
和《かず》ちん
負《ま》けんな
早《はや》くやって
とっとと
終《お》わらそう
的《てき》な!?
ま、負けとか
ねーから
そうだよ
たかが
"ポッキーゲーム"
キスするわけ
じゃねぇんだ…
意識《いしき》する
ようなことは
何《なに》も…
ドキドキ

ドキ
何《なに》も…
ドキ
ドキ
ドキ
ドキ
何《なに》も…

水《みず》原《はら》の…カオが
ムネが…
ん…
この距《きょ》離《り》に
……!!!
何《なに》これ？俺《おれ》顔《かお》が犯罪者《はんざいしゃ》みたいになってない!?
なってる
水原超イイ匂い…
マミちゃんドン引《び》きじゃない？
顔見れぬ～!!
おいおいそのままキスしちゃうなよーっ
カレカノだからって～
そこまで求《もと》めてないよ――っ！
大学生活にはびこる悪魔的ノリ
バカッ!!そういうこと言《い》うなっ!!
変に意識する

落《お》ち着《つ》け 俺《おれ》！
水原《みずはら》は“レンタル彼女《かのじょ》”！
お客《きゃく》との“ポッキーゲーム”だって
そりゃお勤《つと》めさ…っ！
もう勘違《かんちが》いはしない！
俺《おれ》は…木《き》ノ下《した》和也《かずや》！
利《り》用《よう》規《き》約《やく》
プル
プル
遵《じゅん》守《しゅ》の男《おとこ》…!!!
プル

何《なに》考《かんが》えてんだ
俺《おれ》は
水《みず》原《はら》は…
俺《おれ》を信《しん》じてくれてるからやってくれてるんじゃねぇか…!!
俺《おれ》達《たち》に
・・・この先《さき》はない…っ!
ちらっ

…?
ごめん
ばーちゃん
ずっと騙《だま》してて
は
今《いま》〝本当《ほんとう》の彼女《かのじょ》〟
連《つ》れてくから
……っ!
ごめん水原《みずはら》
…今《いま》まで
ズルズルと
嘘《うそ》を
つくなら
けじめを
持《も》って!
後回《あとまわ》しにした時《とき》
人《ひと》は子供《こども》に
なるの!
くだらない
見栄《みえ》っぱりに
付《つ》き合《あ》わせて
……!!
ごめん
…水原《みずはら》!
ポキッ
そっ
それがさ
……!!
……
……

俺《おれ》と千《ち》鶴《づる》
ありがとう…水《みず》原《はら》!!!

別《わか》れようって話《はなし》になってて……
え…っ

だ だから その手《て》のフリには応《こた》えられないっつーか!
空気《くうき》読《よ》めてねーのはわかってんだけどさ…!!
な なぁ 千鶴《ちづる》!
どっ
……
……
えっ
ええ…

でも
なんでまた？
もったいねぇ…
けっ
倦怠期《けんたいき》つーの!?
まっ 色々《いろいろ》あるだろ!?
まぁ 2人《ふたり》のことだから…
私達《わたしたち》は何《なに》も…
こっ
これでいい…!!
あてのないレンカノライフは
伊豆半島《いずはんとう》に置《お》いていくっ!!
カロン
…ん？
木部《きべ》？

ガ
どじゃあっ
!?
ちょっ木部《きべ》!!
和《かず》くん!
何《なに》やってんだ木部《きべ》!
和《かず》ちんテメェ
ちんこで恋《こい》してんじゃねえぞ
…は!?

満《まん》足《ぞく》度《ど》 12 彼女《カノジョ》とガキのケンカ

おい木部《きべ》!
落《お》ち着《つ》け!
どうしたんだよ 急《きゅう》に!
…!!
なに急《きゅう》に殴《なぐ》ってんだこらぁっ!!
ドゴッ
!
おーっやりやがったなコラ!!
オメーが先《さき》に殴《なぐ》って来《き》たんだろーがハゲ!!
誰《だれ》がハゲだ生《は》え際《ぎわ》が控《ひか》え目《め》なだけだコラァ!!
それをハゲっつーんだよ!!
ドカドカ
上等《じょうとう》だこのデカのウスノロ!!
んだとコ……イタッちょっ
ごめ…っ
ゴッ
ガッ
やめて!
チビの怪力
元空手部主将
やめてあげて木部のちゃんっ!!

見損《みそこ》なったぞ
和《かず》ちんっ!!
どしゃあっ!!
てめえ
いつからそんな
打算的なクズに
なったんだ!!!
!?
旅行中《りょこうちゅう》ずっと
マミちゃんに
デレデレ
しやがって!!
何《なに》が
"倦怠期《けんたいき》"だ!!
どーせ テメーが
そんなだから
千鶴《ちづる》さんに
フラれたって
だけの話《はなし》だろ!
未練《みれん》なんて
チンコが思《おも》い出《で》に
恋《こい》してるだけだ!!

クズならクズらしく〝今《いま》カノ〟にデレデレしやがれ!!
目《め》の前《まえ》の女《おんな》も大切《たいせつ》にできねーヤツに 守《まも》れるもんなんかねーぞっ!!
いやっちょ和也《かずや》
そういうこと…!?
かぁ…っ
フラレた…!!
ごめんな水原…
いくら相手のこと想たって無駄じゃん!!
和くん
ごめん和くん
我慢できなくなっちゃって…

お前《まえ》が
何《なに》を知《し》ってんだよ……っ！
和也《かずや》!!
お前《まえ》が何《なに》を知《し》ってんだよ!!!
俺《おれ》がどんだけマミちゃん好《す》きだったかとか
フラれてどんだけ苦《くる》しんだかとか!!
お前《まえ》知《し》ってんのかよ!!?

……!!
バカ何《なに》言《い》ってんだ和也《かずや》!
千鶴《ちづる》さんもいるんだぞ!!
……
マミちゃんもマミちゃんだ……
和《かず》ちんバカだからさ……すぐ勘違《かんちが》いすんだよ
フッた相手《あいて》に思《おも》わせぶりな態度《たいど》取《と》んのは
やめてくんねぇか?

私《わたし》……
そんなつもりじゃないもん
酷いよ木部ちゃん
てめぇ 木部《きべ》!!
マミちゃんに謝れ
おい 和也《かずや》! もうよせ
ちっ
千鶴《ちづる》さん! 和也《こいつ》 頭《あたま》に血《ち》が上《のぼ》って訳《わけ》わかんねぇこと言《い》ってるだけさ!
今日《きょう》の所《ところ》は帰《かえ》った方《ほう》が…!!
和也とはまた後日ゆっくり…
!

えっ
ええ……
……
ばっ
便所《べんじょ》行《い》ってくる!!
……ちっ
目《め》の前《まえ》の女《おんな》も大切《たいせつ》にできねーヤツに
守《まも》れるもんなんかねーぞっ!!
……

頑張《がんば》ったじゃない
あなたのしたことは間違《まちが》ってない
……え？
水原…
あの人達《ひとたち》は何《なに》も知《し》らないんだから理解《りかい》がないのも当然《とうぜん》よ
大丈夫《だいじょうぶ》なの？
ケガ
……
……ああ
なんてことないよ

すぐ来週《らいしゅう》の予約《よやく》入《い》れておくから
例《れい》の〝空《から》デート〟
下田《しもだ》で刺身《さしみ》でも食《く》ったって報告《ほうこく》しといてくれ
今日の分
……
ウチのおばあちゃんも退院《たいいん》来週《らいしゅう》だって
え？そうなのか
……引《ひ》き際《ぎわ》としても丁度良《ちょうどよ》かったのよ
皆《みんな》すぐ忘《わす》れるわ
私達《わたしたち》の関係《こと》なんて……

かっこ悪《わる》い所《ところ》見《み》せちまったな……
えっ
フラれてどんだけ苦《くる》しんだかとか
お前《まえ》知ってんのかよ!!
つくづくあんたには
迷惑《めいわく》かけてるって思《おも》うよ……
ごめんな
〝別《わか》れの告白《こくはく》〟だって
れっきとした〝次《つぎ》への一歩《いっぽ》〟よ
!
周《まわ》りがどう思《おも》おうと
私《わたし》には勇気《ゆうき》ある〝一歩《いっぽ》〟に見《み》えたわ

少《すこ》しは男《おとこ》らしい所《ところ》
あるじゃない

じゃ
お別《わか》れね
ビーサンはプレゼントってことでいいって?
あ ああ…
…やっぱり嫌《いや》だったよな
え?
こんなクズの……
〝彼女《かのじょ》〟なんて……
ぺちん
イテッ
ったく しっかりしてよね
これが
私《わたし》の〝仕事《しごと》〟
す

楽《たの》しかった
楽《たの》しかったわ

……はは
凄《すげ》……
凄《すげ》えよ
あんた……

……
……
ばかっ……

昼《ひる》からだから2時間《じかん》……か
日時
来週土曜日
希望時間（基本料金）
1時間コース
2時間コース～¥5,000
水原はフレッシュ新人クラスで……
下田《しもだ》までの交通費《こうつうひ》を入れて
23区外…
カタ
カタ
2万《まん》5千円《えん》!! 高《たか》!!!
どーせ内容言えねぇんだから都内ってことになんねーかな!!
よっ
相変《あいか》わらず高《たけ》ぇな!!!
でもこれまでのこと考《かんが》えたら
倍払《ばいはら》ったって足《た》んねぇや……
バカだな木部《きべ》 俺《おれ》みたいなヤツにタダで
目《め》の前《まえ》の女《おんな》も大切《たいせつ》にできねーヤツに
守《まも》れるもんなんかねーぞっ!!
水原《みずはら》みてーな彼女《かのじょ》が出来《でき》る訳《わけ》ねーだろ……

お前《まえ》は何《なに》も
原田区
P
原田区駐車場
¥1,000
テテテ…
思いっきり殴りやがってあいつ
鉄の味する
知《し》らねーんだ……
TamilyMart
ささっ
ゲ
うー ヤバイ……
まだ荷物《にもつ》トイレの中《なか》なのにこれじゃ取《と》りに行《い》けない……
タン塩

ぴく
千鶴《ちづる》さん
へ？
ちょっと
話《はなし》をさせてもらえませんか？
え？

満足度《まんぞくど》
13
友達《ともだち》と彼女《カノジョ》

ブロロロ…
俺《おれ》と千鶴《ちづる》
別《わか》れようって話《はなし》になってて…
目《め》の前《まえ》の女《おんな》も大切《たいせつ》にできねーヤツに
守《まも》れるもんなんかねーぞっ!!
ったくあいつ
ブロロ…
ザザ…ン
思《おも》いっきり殴《なぐ》りやがって……
こっちの事情《じじょう》(レンタル彼女《かのじょ》)も知《し》らねーのに手《て》出《だ》すか!?普通《ふつう》!!
ヤ○ザかよ!!
わん!?
そんなに俺《おれ》と水原《みずはら》が不釣《ふつ》り合《あ》いだってか!?
分かーってるよ!!
まぁあいつには散々《さんざん》水原《みずはら》のこと自慢《じまん》してきちまったし…
まっても好きって言われたら断れねーよ…!
なっ
けっきょく
や やりすぎ…
ぐいっ
言《い》えた——っ!!!
よっぽどハラに据えかねたものが…
身から出た錆……かもな……

呼《よ》び出《だ》して悪《わる》かったな…
タメ口《ぐち》でいい？
ええ 勿論
なっ!? 木部《きべ》と水原《みずはら》!?
イテッ 茂み痛っ
がさっ
2人《ふたり》きりで何《なに》を…!? 呼び出し!?
しかも なんか言いづらそうに……っ!?
……
……？
暑いね……
ええ……
俗に言う
とりあえず
手つけとけ的論者
まさか…告白《こくはく》!!?
ってんなわけねーか…
不釣り合いだろ コイツも
別《わか》れるって本当《ほんとう》か？…和也《かずや》と

……え
ええ…
……
そっか…
俺《おれ》 あいつとは 幼なじみで…
あいつが モテないのとか… 全部《ぜんぶ》見《み》てきてて…
まぁ 1か月《げつ》で 3回《かい》フラれた時《とき》は 流石《さすが》にヒイたけど
しかも同じコ
……
それ 今言《いまい》う!? 要る!?
だから 君《きみ》みたいなコが 彼女《かのじょ》だって 紹介《しょうかい》された時《とき》は
あいえっ そんな…
正直《しょうじき》 目《め》を 疑《うたが》ったよ
あの時はごめんな
わるかったな…

あいつクズだろ……？
馬鹿《ばか》だし優柔不断《ゆうじゅうふだん》だし………
人《ひと》にばっか頼《たよ》るくせに
自分《じぶん》は「なんとかなる」の一点張《いってんば》りで
……
否定《ひてい》!! 否定《ひてい》は!?
心当たりしかない!!
でもさ… 時々《ときどき》 才能《さいのう》なんじゃねぇかって思《おも》うよ……
バカみてーに夢《ゆめ》見続《みつづ》けられんのとか………
え!?
!?
俺《おれ》たちが小学生《しょうがくせい》ん時《とき》さ……
夏《なつ》
クラスのみんなで朝顔《あさがお》育《そだ》ててて…

ふとした拍子《ひょうし》に 俺《おれ》 あいつの鉢《はち》を 倒《たお》しちまってさ……
もう 種《たね》とか どこ行《い》ったか わかんなく なって…
とりあえず その辺《へん》の土《つち》だけ 戻《もど》したんだ……
そしたらさ… あいつのが 真《ま》っ先《さき》に 芽《め》を出《だ》して
おーっ すげーっ
明《あき》らかに 〝雑草《ざっそう》〟だったん だけど…
すげーだろーっ これ
がいらいしゅの やつだろーっ!!
でも あいつ 朝顔《あさがお》だって 聞《き》かなくて…
スーパーあさがお だろーっ!!
先生《せんせい》に 止《と》められても毎朝《まいあさ》 一番《いちばん》に学校《がっこう》来《き》て 水《みず》あげて
毎日《まいにち》欠《か》かさず 絵日記《えにっき》とかも つけて
すげーみどり
すげーでかい
8月2日

バカだろ？
雑草だぞ
えっ そう…ですね…
さすがに俺《おれ》も申《もう》し訳《わけ》なくなってさ…
しゅんとく
夏休《なつやす》み終《お》わったら謝《あやま》ろうって決《き》めてたんだ
……そしたらさ
くく…
……どうなったと思《おも》う…？
…咲《さ》いたんだよ
花《はな》が
……え？

誰《だれ》よりも
綺《き》麗《れい》な花《はな》
ハイビスカス…なんとかナム?っていう珍《めずら》しい花《はな》でさ
これ金賞…?
金賞
よく育てた!
デカ…
銀賞
結局《けっきょく》自由研究《じゆうけんきゅう》でもあいつが金賞《きんしょう》獲《と》って
あいつは朝顔《あさがお》じゃねーかって悲《かな》しんでたけど
もー!!
なんなんだよこの花っ!!
誰だよお前!!
あの時《とき》 水《みず》あげんのやめてたら
あの花《はな》は咲《さ》かなかったんだよな
俺《おれ》には その花《はな》がすっげー羨《うらや》ましくてさ
ポー…

現実《げんじつ》なんて心《こころ》折《お》れそうになることばっかだろ?
家賃《やちん》は高《たけ》えし
近所《きんじょ》の野良犬《のらいぬ》はウチの玄関《げんかん》でばっかりウンコするし
楽《たの》しみにしてたマンガもすぐ…終《お》わっちまうし
でもさ そんな現実《げんじつ》に溺《おぼ》れて夢《ゆめ》見《み》なくなったとき
それを「腐《くさ》る」って言《い》うんだよな
飲《の》み会《かい》で君《きみ》が和《かず》ちんを庇《かば》った時《とき》に思《おも》ったんだ
やっと和《かず》ちんの良さに気付《きづ》いてくれる人《ひと》が現《あらわ》れたんだって
俺《おれ》には2人《ふたり》に何《なに》があったかなんてわかんねーけどさ
ぱんぱん
和也《あいつ》のクズさに嫌気《いやけ》が差《さ》したってだけならもう少《すこ》しチャンスくれねーか?
あいつに腹《はら》が立《た》ったら俺《おれ》が代《か》わりに殴《なぐ》るから…

あいつ悪《わる》いヤツじゃねーんだよ
きっとあんたのこと最後《さいご》は幸《しあわ》せにしてくれると思《おも》う
……
そうだこれ
ごそ
さっきコンビニで買《か》って来《き》たんだ
フェリー観光
KANOKARI
17:30便
乗船券
大人
1200円
1200円
・・・・2人だけの時間《じかん》が君《きみ》らには必要《ひつよう》だと思《おも》って……

いえっ
そんなっ頂《いただ》けません
…いいから
これくらいさせてくれ
KANOKARI
17:30便
乗船券
大人
1200円
親友《しんゆう》に最高《さいこう》の彼女《かのじょ》ができたのに
お祝《いわ》いもまだだった

ワン!!
不審者!
うおっ!!
びくった
えっ…
あっ…
……和也《かずや》……!!
あっ……
が……
ピタ…!!
!
逃《に》げたっ!!!
くるっ
……その
……ごめん…

さっきは殴《なぐ》って…
まじごめん…っ!!
……
ダサ
うるせーバカ
じゃ あとは2人《ふたり》で
そそくさ
なっ…
……
キマズイ…

…これ あなたの ぶん
あっ ああ…
水原《みずはら》…
その……… コレ…
…行《い》くわ
え……っ
あんなこと 言《い》われたら 断《ことわ》れないじゃない
フェリーに 2人《ふたり》きりなら 変《へん》な気《き》 遣《つか》わなくて いいし

いいのか!? でもそっちの友達《ともだち》はっ…!?
今更《いまさら》・・ごめんねも無《な》いでしょ? どの道《みち》 体調崩《たいちょうくず》して先帰《さきかえ》ったとか言《い》わないと収拾《しゅうしゅう》つかないわよ
元々日帰りの予定だったし
そ そうか…
なんかごめんな ……
でもこれで本当《ほんとう》に終《お》わり…
え?
木部《きべ》さんは私達《し》のことは知らないし
しっかり話《はな》し合《あ》って別《わか》れたって言《い》えば納得《なっとく》してくれるでしょ
そ…
そうだな……
これで最後《さいご》
これで最後《さいご》よ

17時《じ》30分《ぷん》
フェリー かのかり号《ごう》
KANOKARI
KANOKARI
フェリー かのかり号
くらっ
!
ちょ 水原《みずはら》!
だ 大丈夫《だいじょうぶ》か?
マジでキツそうじゃねえか…
平気よ 一晩《ひとばん》寝《ね》れば治《なお》るわ
これで体裁《ていさい》が保《たも》てるなら御《おん》の字《じ》よ
あー 熱…
今後《こんご》の仕事《しごと》の為《ため》にも〝後腐《あとくさ》れ〟は残《のこ》したくない
ごめんな…
マジゴメン
こんな大事《おおごと》になるなんて思《おも》わなくて…
………
…言《い》ったはずよ
あなたの判断《はんだん》は間違《まちが》ってないって

元《もと》カノが忘《わす》れられないんでしょ？
だったら全力《ぜんりょく》で取《と》りに行《い》きなさい
欲《ほ》しい物《もの》があるなら何《なに》もかもかなぐり捨《す》てて掴《つか》みにいくぐらいの方《ほう》が
人生《じんせい》は楽《たの》しいわよ

水原《みずはら》…っ!
じゃ 私《わたし》
中《なか》にいるから
……
ありがとう
水原《みずはら》…!!
水原《みずはら》の言《い》う通《とお》りだよ…!!
プール
木ノ下和也

俺《おれ》 この船《ふね》を
降《お》りたら
マミちゃんに
告白《こくはく》するよ…!!
ひた
ひた
ヒューッ
オーシャンビューーッ!
ごめんな
木部《きべ》
……
俺《おれ》と水原《みずはら》は
お前《まえ》が思《おも》うような
関係《かんけい》じゃないんだ
本当《ほんとう》ごめんな
ずっと
騙《だま》してて……
ほとぼりが冷《さ》めたら
お前《まえ》にはちゃんと話《はな》して
謝《あやま》るから…
水《みず》原《はら》千《ち》鶴《づる》は
〝レンタル彼女《かのじょ》〟…

何《なに》も変《か》わらないさ…
ボーッ
何《なに》も…!!

彼女、お借りします
ありがとう水原《みずはら》…っ！
おかげで勇気《ゆうき》が出《で》た…!!
この船《ふね》を降《お》りたら
マミちゃんに告白《こくはく》する！
レンカノ“彼女無し《シングル》”ライフも
今日《きょう》でお別《わか》れだ!!

満足度《まんぞくど》14 海《うみ》と彼女《カノジョ》⑤

…水原《みずはら》
やっぱ体調《たいちょう》悪《わる》そうだな
今日《きょう》は散々《さんざん》引《ひ》っ張《ぱ》りまわしちまったし
まじ弁解《べんかい》の言葉《ことば》もねぇ…
水原《みずはら》とのデートも…これで最後《さいご》か…

見《み》ろよ "かっぱえびせん"
100円《えん》だって!
カモメにあげるんだって!
ケッコー揺《ゆ》れるな!
勢《いきお》いでひっくり返《かえ》ったりしねーのかな! なんて…
タイタニックみて〜に
って 何《なん》の話《はなし》してんだこれ…!!
あっ でも下田港《しもだこう》は たしか海上保安庁《かいじょうほあんちょう》?の監視区域《かんしくいき》?らしくて
俺《おれ》の話《はなし》面白《おもしろ》くね——っ!
もしもの時《とき》も絶対安全《ぜったいあんぜん》——!!
みたいな
せめて最後《さいご》くらいは
気《き》を遣《つか》わせねぇように…
後《あと》のことなら気《き》にすんなよ!
皆《みんな》には俺《おれ》からキチンと説明《せつめい》するからっ!

ば
ばーちゃんはそりゃ悲《かな》しむだろーけどさっ！
元々《もともと》 恋人《こいびと》じゃねーんだし仕方《しかた》ねーよ！
こっちの都合《つごう》で付《つ》き合《あ》わせてごめんなっ！
なんでレビュー☆9《星九つ》までなの？☆10《星十》とか欲《ほ》しいよ！
100とか！
もう 大学《だいがく》でも話《はな》しかけない！
アパートでもゴミ捨《す》ての時間《じかん》とかできるだけズラすよ！
もう・・・借りないから…
もう〝水原千鶴《みずはらちづる》〟は
レンタルしないから！

ブーッ
ブーッ
電話《でんわ》…鳴《な》ってるよ？
出ればっ・
あ ああっ
…ごめん
1人《ひとり》にして…
おっ おう…
……大丈夫《だいじょうぶ》か？

mami
LINEオーディオ…で応答
マミちゃん……!!
ドキ
もしもしマミちゃんどうしたの?
やばい…
本格的《ほんかくてき》にクラクラしてきた…
はぁはぁ
あ 和《かず》くん… 今《いま》イイ?
う…うん! 少《すこ》しなら!
マミちゃん声《こえ》かわいい…っ
すごい音《おと》だね… 何《なに》してるの?
外《そと》!! 外《そと》にいるだけ!!
水原《みずはら》と一緒《いっしょ》だなんて言《い》えねーっ!! しかもクルージング
ちょっと話《はな》したいことがあって…
…今《いま》から会《あ》えないかな…?

話《はなし》…!?
何《なに》を…!!
いっ 今《いま》はちょっと ムリだけど 少《すこ》し後《あと》ならいいよ!
どのくらい?
10分《ぷん》… 15分《ふん》かな!?
わかった…
待《ま》ってる…
ずっと…
ずっと…?
どっ どこに行《い》けばいい?
ロビー?
ホテルの前《まえ》とか…っ
……

プール……
私《わたし》今《いま》
ホテルのプールにいるの…

1人《ひとり》で待《ま》ってる…
ずっと待《ま》ってるから…
プ…
プール…？
ヤバイ…船《ふね》にも酔《よ》ってきた…
よろっ
風《かぜ》に当《あ》たりに…

聞《き》いてる……?
和《かず》くん
う…うん
聞《き》いてるよ…
ぎしっ
何階《なんかい》?
…わかった
4階《かい》ね
くるっ
行《い》く…
必《かなら》ず行《い》く…
よろ…

ギ
ギ
KANOKARI
ギ
ザ
ザ
わ!
ド
テッ
はは 僕《ぼく》
船《ふね》は
揺《ゆ》れるから
注意《ちゅうい》しなきゃ…
ザッ
ザッ

えっ……!?

なっ!!
お…っ
落《お》ちたぁ!!?
人《ひと》が…
落《お》ちた……っ!!
どうしました!?
い 今《いま》人《ひと》が…!!

えー
乗客《じょうきゃく》1名落水《めいらくすい》
乗客《じょうきゃく》1名落水《めいらくすい》
バチャ
意識《いしき》はある模様《もよう》です
バチャ
大丈夫《だいじょうぶ》かー!?
ええ!? 落《お》ちたって!?
どよ
どよ
女《おんな》の子《こ》がー 今《いま》ここにいた!!
おいおい大丈夫《だいじょうぶ》かよ!
1人《ひとり》だったのか…!?
友達《ともだち》とかは!?
カレシとか…

乗客《じょうきゃく》1名《めい》
落水《らくすい》
だ
だ
だ
ド
至急救助《しきゅうきゅうじょ》
願《ねが》います
ド
助《たす》けなくて
いいのか!?
やめなよ!
どうなっても
知《し》らないよ!!
落《お》ち着《つ》いてください
乗客《じょうきゃく》の皆様《みなさま》!
ここは海保《かいほ》の
管理区域《かんりくいき》
すぐさま
救助艇《きゅうじょてい》が
向《む》かって…

ゴン
びくっ
え？
和《かず》くん!?
和《かず》くん!?

借りします

彼女ーお

なぜ自分《じぶん》に
そんなことが
できたのか
未《いま》だに
わからない――
でも
きっと
その時《とき》には
もう1名《めい》
落水《らくすい》
至急救助《しきゅうきゅうじょ》
願《ねが》います
至急救助《しきゅうきゅうじょ》
願《ねが》います
気付《きづ》いて
いたんだ
ろう――
〝水原千鶴《みずはらちづる》〟は
〝レンタル彼女《かのじょ》〟――

〝架空《バーチャル》〟で
〝仮《かり》初《そ》め〟で
本当に好きになるなんて——
許《ゆる》されない相《あい》手《て》——
でも…っ
でも…!!

水原《みずはら》…っ!!!
TO BE CONTINUED !